Eugen Roth
Mensch und Unmensch

Heitere Verse mit Bildern
von Hans Traxler

Carl Hanser Verlag

3 4 5   01 00

ISBN 3-446-19128-3
Alle Rechte vorbehalten
© 1997 Carl Hanser Verlag München Wien
Satz: Otto Gutfreund GmbH, Darmstadt
Druck und Bindung: Kösel, Kempten
Printed in Germany

Ein Mensch nimmt, guten Glaubens, an,
Er hab das Äußerste getan.
Doch leider Gotts versäumt er nun,
Auch noch das Innerste zu tun.

Abenteuer und Alltäglichkeiten

Die Vergesslichen

Ein Mensch, der sich von Gott und Welt
Mit einem andern unterhält,
Muß dabei leider rasch erlahmen:
Vergessen hat er alle Namen!
»Wer war's denn gleich, Sie wissen doch...
Der Dings, naja, wie hieß er noch,
Der damals, gegen Ostern ging's,
In Dings gewesen mit dem Dings?«
Der andre, um im Bild zu scheinen,
Spricht mild: »Ich weiß schon, wen Sie meinen!«
Jedoch, nach längerm Hin und Her,
Sehn beide ein, es geht nicht mehr.
Der Dings in Dingsda mit dem Dings,
Zum Rätsel wird er bald der Sphinx
Und zwingt die zwei sonst gar nicht Dummen,
Beschämt und traurig zu verstummen.

Ein Lebenslauf

Ein Mensch verehrt, von Liebe blind,
Ein (leider unbarm-) herziges Kind.
Er opfert, nur daß er gefällt,
Ein (leider schauder-) bares Geld
Und wagt, daß er gewinn ihr Herz
Manch (leider aussichts-) losen Scherz.
Die Frau verlacht den Menschen oft,
Der (leider unan-) sehnlich hofft,
Und grade, weil sie abgeneigt,
Sich (leider unge-) hörig zeigt.
Doch wird sie – ach, die Zeit geht weiter –
Nun (leider unan-) ständig breiter
Und, fürchtend, daß sie sitzenbleib,
Sein (leider ange-) trautes Weib.
Der Mensch, zu spät mit ihr beschenkt,
Bald (leider nega-) tiefer denkt:
Er fiel, nur Narr der eignen Pein,
Hier (leider unab-) sichtlich rein.
Das Glück war zu der Stunde gar,
Wo's (leider unwill-) kommen war.

Der unverhoffte Geldbetrag

Ein Mensch ergeht sich in Lobpreisung:
Man schickte ihm per Postanweisung
Ein nettes Sümmchen, rund und bar,
Auf das nicht mehr zu rechnen war.
Der Mensch hat nun die demgemäße
Einbildung, daß er Geld besäße
Und will sich dies und jenes kaufen
Und schließlich noch den Rest versaufen.
Doch sieh, schon naht sich alle Welt,
Als röche sie, der Mensch hat Geld!
Es kommen Schneider, Schuster, Schreiner
Und machen ihm das Sümmchen kleiner,
Es zeigen Krämer, Bäcker, Fleischer
Sich wohlgeübt als Bargeldheischer,
Dann macht das Gas, das Licht, die Miete
Den schönen Treffer fast zur Niete.
Vernommen hat die Wundermär
Auch der Vollstreckungssekretär,
(Es ist derselbe, den man früher
Volkstümlich hieß Gerichtsvollzieher.)
Und von der Gattin wird der Rest
Ihm unter Tränen abgepreßt.
Der Mensch, Geld kurz gehabt nur habend,
Verbringt zu Hause still den Abend.

HALLOH!

Ein Mensch geht fürbaß, wanderfroh...
Da ruft es hinter ihm: Halloh!
Der Mensch, obwohl's ihn heimlich reißt,
Denkt stolz, daß er »Halloh« nicht heißt
Und hat drum, kalt und selbstbewußt,
Darauf zu achten, keine Lust.
Halloh! Halloh! Das laute Brüllen
Beginnt ihn jetzt mit Grimm zu füllen.
Von Anstand, denkt er, keine Spur
In Gottes herrlicher Natur!!
Er hört nicht mehr, in seinem Zorn,
Was hinter ihm halloht, verworrn...
Jetzt, endlich, ist es ringsum still,
So daß der Mensch hier rasten will.
Doch sticht, der Leser wird es ahnen,
Ihn die aus besseren Romanen
Bekannte giftige Tarantel:
Er nimmt vom Rucksack seinen Mantel
Und, was der Leser kommen sah,
Der Mantel, der ist nicht mehr da!
Der Mensch erkennt, daß ihm gegolten
Das Rufen, das er so gescholten:
Er rast zurück und schmettert roh
In Gottes Welt: Halloh, Halloh!

ORDNUNG

Ein Mensch, mit furchtbar vielen Sachen,
Will eines Tages Ordnung machen.
Doch dazu muß er sich bequemen,
Unordnung erst in Kauf zu nehmen:
Auf Tisch, Stuhl, Flügel, Fensterbrettern
Ruhn ganze Hügel bald von Blättern.
Denn will man Bücher, Bilder, Schriften
In die gemäße Strömung triften,
Muß man zurückgehn zu den Quellen,
Um Gleiches Gleichem zu gesellen.
Für solche Taten reicht nicht immer
Das eine, kleine Arbeitszimmer:
Schon ziehn durchs ganze Haus die kühnen
Papierig-staubigen Wanderdünen,
Und trotzen allem Spott und Hassen
Durch strenge Zettel: Liegen lassen!
Nur scheinbar wahllos ist verstreut,
Was schon als Ordnungszelle freut;
Doch will ein widerspenstig Päckchen
Nicht in des sanften Zwanges Jäckchen.
Der Mensch, der schon so viel gekramt,
An diesem Pack ist er erlahmt.
Er bricht, vor der Vollendung knapp,
Das große Unternehmen ab,
Verräumt, nur daß er auch wo liegt,
Den ganzen Wust: Das Chaos siegt!

Der Urlaub

Ein Mensch, vorm Urlaub, wahrt sein Haus,
Dreht überall die Lichter aus,
In Zimmern, Küche, Bad, Abort –
Dann sperrt er ab, fährt heiter fort.
Doch jäh, zuhinterst in Tirol,
Denkt er voll Schrecken: »Hab ich wohl?«
Und steigert wild sich in den Wahn,
Er habe dieses *nicht* getan.
Der Mensch sieht, schaudervoll, im Geiste,
Wie man gestohlen schon das meiste,
Sieht Türen offen, angelweit.
Das Licht entflammt die ganze Zeit!
Zu klären solchen Sinnentrug,
Fährt heim er mit dem nächsten Zug
Und ist schon dankbar, bloß zu sehn:
Das Haus blieb wenigstens noch stehn!
Wie er hinauf die Treppen keucht:
Kommt aus der Wohnung kein Geleucht?
Und plötzlich ist's dem armen Manne,
Es plätschre aus der Badewanne!
Die Ängste werden unermessen:
Hat er nicht auch das Gas vergessen?
Doch nein! Er schnuppert, horcht und äugt
Und ist mit Freuden überzeugt,
Daß er – hat er's nicht gleich gedacht? –
Zu Unrecht Sorgen sich gemacht.
Er fährt zurück und ist nicht bang. –
Jetzt brennt das Licht vier Wochen lang.

Immer ungelegen

Ein Mensch, gemartert von der Hitze,
Fleht dürstend nach dem ersten Blitze.
Ein Wolkenbruch wär selbst gesegnet:
Zwölf Wochen lang hat's nicht geregnet.
Jetzt endlich braut sich was zusammen:
Es schlagen die Gewitterflammen
Schon in den Himmel eine Bresche –
Doch, wie?! Der Mensch hat große Wäsche!
Nur heute, lieber Gott, halt ein
Und laß nochmal schön Wetter sein!
Der Tod, der Gläubiger, der Regen
Die kommen immer ungelegen:
Rechtzeitig zweifellos an sich –
Doch nie zur rechten Zeit für Dich!

Die Postkarte

Ein Mensch vom Freund kriegt eine Karte,
Daß er sein Kommen froh erwarte;
Und zwar (die Schrift ist herzlich schlecht!)
Es sei ein jeder Tag ihm recht.
Der Kerl schreibt, wie mit einem Besen!
Zwei Worte noch, die nicht zum Lesen!
Der Mensch fährt unverzüglich ab –
Des Freundes Haus schweigt wie ein Grab.
Der Mensch weiß drauf sich keinen Reim,
Fährt zornig mit dem Nachtzug heim.
Und jetzt entdeckt er – welch ein Schlag!
Der Rest hieß: »Außer Donnerstag!«

Das Hilfsbuch

Ein Mensch, nichts wissend von »Mormone«
Schaut deshalb nach im Lexikone
Und hätt es dort auch rasch gefunden –
Jedoch er weiß, nach drei, vier Stunden
Von den Mormonen keine Silbe –
Dafür fast alles von der Milbe,
Von Mississippi, Mohr und Maus:
Im ganzen »M« kennt er sich aus.
Auch was ihn sonst gekümmert nie,
Physik zum Beispiel und Chemie,
Liest er jetzt nach, es fesselt ihn:
Was ist das: Monochloramin?
»Such unter Hydrazin«, steht da.
Schon greift der Mensch zum Bande »H«
Und schlägt so eine neue Brücke
Zu ungeahntem Wissensglücke.
Jäh fällt ihm ein bei den Hormonen
Er sucht ja eigentlich: Mormonen!
Er blättert müd und überwacht:
Mann, Morpheus, Mohn und Mitternacht...
Hätt weiter noch geschmökert gern,
Kam bloß noch bis zum Morgenstern,
Und da verneigte er sich tief
Noch vor dem Dichter – und – entschlief.

Herstellt euch!

Ein Mensch hat einen andern gern;
Er kennt ihn, vorerst, nur von fern
Und sucht, in längerm Briefewechseln
Die Sache nun dahin zu drechseln,
Daß man einander bald sich sähe
Und kennenlernte aus der Nähe.
Der Mensch, erwartend seinen Gast,
Vor Freude schnappt er über fast.
Die beiden, die in manchem Briefe
Sich zeigten voller Seelentiefe,
Sie finden nun, vereinigt häuslich,
Einander unausstehlich scheußlich.
Sie trennen bald sich, gall- und giftlich –
Und machen's seitdem wieder schriftlich.

BROTLOSE KÜNSTE

Ein Mensch treibt eine rare Kunst,
Von der kaum wer hat einen Dunst.
Der Welt drum scheint sie zu geringe,
Als daß, selbst wenn nach Brot sie ginge,
Sie dieses Brot sich könnt erwerben –
Doch Gott läßt diese Kunst nicht sterben.
Nie könnt sie ihren Meister nähren,
Würd der sie nicht die Jünger lehren,
Die, selber brotlos, wiederum
Beibringen sie den Jüngsten drum.
So brennt die Kunst, als ewiges Licht,
Durch fortgesetzten Unterricht.

VORSICHT!

Ein Mensch wähnt, in der fremden Stadt,
Wo er Bekannte gar nicht hat,
In einem Viertel, weltverloren,
Dürft ungestraft er Nase bohren,
Weil hier, so denkt er voller List,
Er ja nicht der ist, der er ist.
Zwar, er entsinnt sich noch entfernt
Des Spruchs, den er als Kind gelernt:
»Ein Auge ist, das alles sieht,
Auch was in finstrer Nacht geschieht!«
Doch hält er dies für eine Phrase
Und bohrt trotzdem in seiner Nase.
Da ruft's – er möcht versinken schier –
»Herr Doktor, was tun Sie denn hier?«
Der Mensch muß, obendrein als Schwein,
Der, der er ist, nun wirklich sein.
Moral: Zum Auge Gottes kann
Auf Erden werden jedermann.

EINSCHRÄNKUNG

Ein Mensch, von Milde angewandelt,
Will, daß man Lumpen zart behandelt,
Denn, überlegt man sich's nur reiflich,
Spitzbübereien sind begreiflich.
Den Kerl nur, der ihm selbst einmal
Die goldne Uhr samt Kette stahl,
Den soll – an Nachsicht nicht zu denken! –
Man einsperrn, prügeln, foltern, henken!

DAS FERNGESPRÄCH

Ein Mensch spricht fern, geraume Zeit,
Mit ausgesuchter Höflichkeit,
Legt endlich dann, mit vielen süßen
Empfehlungen und besten Grüßen
Den Hörer wieder auf die Gabel –
Doch tut er nochmal auf den Schnabel
(Nach all dem freundlichen Gestammel),
Um dumpf zu murmeln: Blöder Hammel!
Der drüben öffnet auch den Mund
Zu der Bemerkung: Falscher Hund!
So einfach wird oft auf der Welt
Die Wahrheit wieder hergestellt.

Schlechter Trost

Ein Mensch glaubt, daß in seiner Stadt
Es Lumpen mehr als sonstwo hat.
Doch gibt's noch größre, weit entfernt –
Nur, daß er die nicht kennenlernt!

Die Meister

Ein Mensch sitzt da, ein schläfrig trüber,
Ein andrer döst ihm gegenüber.
Sie reden nichts, sie stieren stumm.
Mein Gott, denkst Du, sind die zwei dumm!
Der eine brummt, wie nebenbei
Ganz langsam: T c 6 – c 2.
Der andre wird allmählich wach
Und knurrt: D – a 3 – g 3: Schach!
Der erste, weiter nicht erregt,
Starrt vor sich hin und überlegt.
Dann plötzlich, vor Erstaunen platt,
Seufzt er ein einzig Wörtlein: Matt!
Und die Du hieltst für niedre Geister,
Erkennst Du jetzt als hohe Meister!

DER PROVINZLER

Ein Mensch in einer kleinen Stadt,
Wo er sonst keinen Menschen hat, –
Und, Gottlob, nur drei Tage bleibt –
Mit einem sich die Zeit vertreibt,
Der, ortsgeschichtlich sehr beschlagen,
Ihm eine Menge weiß zu sagen,
Ihn in manch gutes Wirtshaus führend,
Kurz, sich benehmend einfach rührend.
»Wenn Sie einmal nach München kommen ... «
Schwupps, ist er schon beim Wort genommen:
Der Mann erscheint, der liebe Gast –
Und wird dem Menschen schnell zur Last.
Man ist um solche Leute froh –
Doch nur in Sulzbach oder wo.

So und so

Ein Mensch, der knausernd, ob er's sollte,
Ein magres Trinkgeld geben wollte,
Vergriff sich in der Finsternis
Und starb fast am Gewissensbiß.
Der andre, bis ans Lebensende,
Berichtet gläubig die Legende
Von jenem selten noblen Herrn –
Und alle Leute hören's gern.
Ein zweiter Mensch, großmütig, fein,
Schenkt einem einen größern Schein.
Und der, bis an sein Lebensende
Verbreitet höhnisch die Legende
Von jenem Tölpel, der gewiß
Getäuscht sich in der Finsternis. –

Für Ungeübte

Ein Mensch, der voller Neid vernimmt,
Daß alle Welt im Gelde schwimmt,
Stürzt in den raschen Strom sich munter,
Doch siehe da: Schon geht er unter!
Es müssen – wie's auch andre treiben –
Nichtschwimmer auf dem Trocknen bleiben!

Der Heimweg

Ein Mensch, aus purer Höflichkeit,
Begleitet einen andern weit.
Nur manchmal, mitten unterm Plaudern
Bleibt er kurz stehn und scheint zu zaudern.
Dann waten die zwei Heimbegleiter
In ihrem Tiefsinn wieder weiter.
Nur manchmal zögert jetzt der andre,
Als wüßt er nicht, wohin man wandre.
Dann aber folgt er, mild entschlossen,
Dem wegbewußteren Genossen.
Nun stehn sie draußen vor der Stadt,
Wo keiner was verloren hat.
Moral: (Zur Zeit- und Stiefelschonung)
Man frage vorher nach der Wohnung!

Μηδέν ἄγαν

Ein Mensch, nicht mit Gefühlen geizend,
Scheint auf den ersten Blick uns reizend.
Bald aber geht es uns zu weit:
Er überströmt von Herzlichkeit
Und strömt und strömt so ungehemmt,
Daß er die Menschen von sich schwemmt.
Und jeder flieht, sieht er den Guten
Von weitem nur vorüberfluten.

EINLADUNGEN

Ein Mensch, der einem, den er kennt,
Gerade in die Arme rennt,
Fragt: »Wann besuchen Sie uns endlich?!«
Der andre: »Gerne, selbstverständlich!«
»Wie wär es«, fragt der Mensch, »gleich morgen?«
»Unmöglich, Wichtiges zu besorgen!«
»Und wie wär's Mittwoch in acht Tagen?«
»Da müßt ich meine Frau erst fragen!«
»Und nächsten Sonntag?« »Ach wie schade,
Da hab ich selbst schon Gäste grade!«
Nun schlägt der andre einen Flor
Von hübschen Möglichkeiten vor.
Jedoch der Mensch muß drauf verzichten,
Just da hat er halt andre Pflichten.
Die Menschen haben nun, ganz klar,
Getan, was menschenmöglich war
Und sagen drum: »Auf Wiedersehn,
Ein andermal wird's dann schon gehen!«
Der eine denkt, in Glück zerschwommen:
»Dem Trottel wär ich ausgekommen!«
Der andre, auch in siebten Himmeln:
»So gilt's, die Wanzen abzuwimmeln!«

DER WEISE

Ein Mensch, den wüst ein Unmensch quälte,
Der lang und breit ihm was erzählte,
Und der drauf, zu erfahren, zielte,
Was er, der Mensch, wohl davon hielte,
Sprach, kratzend sich am Unterkiefer:
»Ich glaub, die Dinge liegen tiefer!«
Gestürzt in einen Streit, verworrn,
Der, nutzlos, anhub stets von vorn,
Bat er, sich räuspernd, zu erwägen,
Ob nicht die Dinge tiefer lägen.
Ja, selbst den Redner auf der Bühne
Trieb, zwischenrufend, dieser Kühne
Vor seines Geistes scharfe Klinge:
»Es liegen tiefer wohl die Dinge!«
Der Mensch hat, ohne je den Leuten
Die Tiefen auch nur anzudeuten,
Es nur durch dieses Wortes Macht
Zum Ruhm des Weisen längst gebracht.

Für Vorsichtige

Ein Mensch ist ahnungsvoll und klug:
Er wittert überall Betrug.
Und grad, was scheinbar leicht zu packen –
Schau an, das Ding hat seinen Haken!
Doch lernt der Mensch aus manchem Fall:
Der Haken sitzt nicht überall.
Denn immer wieder sieht er Leute
Recht sicher abziehn mit der Beute.
Der Mensch beim nächsten fetten Happen
Entschließt sich, herzhaft mitzuschnappen
Und freut sich über den Gewinn –
Denn sieh, es war kein Haken drin...
Wahrhaftig nicht? Wer kann's verbürgen?
Der arme Mensch fängt an zu würgen
Bis er aus Angst den Brocken spuckt,
Den fetten, statt daß er ihn schluckt.
Ja, dem, der an den Haken glaubt,
Ist, anzubeißen, nicht erlaubt!

Lebhafte Unterhaltung

Ein Mensch, von Redeflut umbrandet,
Hätt seine Weisheit gern gelandet,
Ein feines Wort, mit Witz gewürzt...
Jedoch, die Unterhaltung stürzt
Dahin und treibt samt seinem Wort
Ihn wild ins Uferlose fort.
Er schreit: »Darf ich dazu bemerken...«
Doch schon mit neuen Sturmwindstärken
Wird vom Gespräch, das braust und sprudelt,
Gewaltsam er hinweggetrudelt.
Er schnappt nach Luft und möchte sprechen,
Doch immer neue Sturzseen brechen
Auf ihn herein, er muß ertrinken,
Kann bloß noch mit den Händen winken
Und macht zuletzt nur noch den matten
Versuch, zu keuchen: »Sie gestatten...«
Schiffbrüchig an sein Wort geklammert,
Der Mensch jetzt endlich einen jammert,
Der ihn aus des Gespräches Gischt
Im letzten Augenblicke fischt,
Gewissermaßen packt beim Kragen:
»Sie wollten, glaub ich, auch was sagen?!«
Das Sturmgespräch hat ausgewittert:
Der Mensch schweigt witzlos und verbittert...

PECH

Ein Mensch, geschniegelt und gebügelt,
Geht durch die Stadt, vom Wunsch beflügelt,
Daß er, als angesehner Mann
Auch angesehn wird, dann und wann.
Jedoch der Gang bleibt ungesegnet:
Dem Menschen ist kein Mensch begegnet.
Geflickt, zerrauft, den Kragen nackt,
Mit einem Rucksack wüst bepackt,
Den Mund mit Schwarzbeermus verschmiert
Und, selbstverständlich, schlecht rasiert,
Hofft unser Mensch, nach ein paar Tagen,
Sich ungesehen durchzuschlagen.
Jedoch vergeblich ist dies Hoffen:
Was treffbar ist, wird angetroffen!
Ein General, ein Präsident,
Dem Menschen in die Arme rennt,
Die Jungfrau, die er still verehrt,
Errötend seine Spuren quert.
Zuletzt – der liebe Gott verschon ihn! –
Kommt, mit dem Hörrohr, die Baronin:
Und jedermann bleibt stehn und schaut,
Warum der Lümmel schreit so laut.
Der Mensch, schon im Verfolgungswahn,
Schlüpft rasch in eine Straßenbahn
Um sich, samt seinen heutigen Mängeln,
Dem Blick Bekannter zu entschlängeln.
Hier, wo er sich geborgen meint,
Steht stumm sein alter Jugendfeind.
Sein Auge fragt, als wollt es morden:
»Na, Mensch, was ist aus Dir geworden!?«

BLUMEN

Ein Mensch, erkrankt schier auf den Tod
An Liebe, ward mit knapper Not
Gerettet noch von einer Mimin,
Die sich ihm hingab als Intimin.
Noch wild erfüllt von Jubelbraus
Geht er in tiefer Nacht nach Haus;
Er dampft vor Dankbarkeit und Wonne,
Ein jeder Stern wird ihm zur Sonne:
Ha! Morgen stellt er um den Engel
Gleich hundert Orchideenstengel...
Er wird, und sollt's ihn auch zerrütten,
Das Weib mit Rosen überschütten...
Nicht Rosen, nein, die schnell verwelken –
Er bringt ihr einen Büschel Nelken...
Sollt man nicht jetzt, im Winter nehmen
Vier, drei, zwei schöne Chrysanthemen?
Wie wär es, denkt er hingerissen,
Mit Tulpen oder mit Narzissen?
Entzückend ist ein Primelstöckchen;
Süß sind des Lenzes erste Glöckchen.
Doch damit, ach, ist sein Gemüt
Denn auch so ziemlich abgeblüht.
Er sinkt ins Bett und träumt noch innig:
Ein Veilchenstrauß, das wäre sinnig...

DER BESUCH

Ein Mensch kocht Tee und richtet Kuchen:
Ein holdes Weib wird ihn besuchen –
Der Kenner weiß, was das bedeutet!
Ha, sie ist da: es hat geläutet.
Doch weh! Hereintritt, sonngebräunt
Und kreuzfidel ein alter Freund,
Macht sich's gemütlich und begrüßt,
Daß Tee ihm den Empfang versüßt;
Und gar, daß noch ein Mädchen käm
Ist ihm, zu hören, angenehm
Und Anlaß zu recht rohen Witzen.
Der arme Mensch beginnt zu schwitzen
Und sinnt, wie er den Gast vertreibt,
Der gar nichts merkt und eisern bleibt.
Es schellt – die Holde schwebt herein:
Oh, haucht sie, wir sind nicht allein?!
Doch heiter teilt der Freund sich mit,
Daß er es reizend find zu dritt.
Der Mensch, zu retten noch, was bräutlich,
Wird aus Verzweiflung endlich deutlich.
Der Freund geht stolz und hinterläßt
Nur einen trüben Stimmungsrest:
Die Jungfrau ist zu Zärtlichkeiten
Für diesmal nicht mehr zu verleiten.

Zu spät

Ein Mensch, daß er sie nicht vergesse,
Hat aufgeschrieben die Adresse
Auf eine alte Streichholzschachtel:
Da steht nun deutlich: Erna Spachtel,
Theresienstraße Numero sieben –
Doch, wozu hat er's aufgeschrieben?
Wer ist das Weib? Was sollte sein?
Er grübelt lang – nichts fällt ihm ein.
Dient sie verruchter Liebeslust?
Er ist sich keiner Schuld bewußt.
Ist heil- sie oder sternenkundig?
Schwarzhandelt sie am Ende pfundig?
Wenn schon nicht niedre Erdenwonne –
Verabreicht sie wohl Höhensonne?
Doch er kann bohren, wie er mag,
Er bringt es nicht mehr an den Tag.
Er wirft daher, weil ohne Zweck,
Die Schachtel samt Adresse weg.
Das hätt er besser nicht getan;
Er zieht sein frisches Nachthemd an
Und schon fällt's ein ihm mit Entsetzen,
Daß seine Wäsche ganz in Fetzen.
Nicht Wunschmaid oder Seherin –
Das Weib war einfach Näherin,
Und hätt ihm Hemden flicken sollen.
Zu spät – ihr Name bleibt verschollen.

VERGEBLICHER EIFER

Ein Mensch, der nach Italien reiste,
Blieb doch verbunden stets im Geiste
Daheim mit seinen Lieben, zärtlich,
Was er auch kundtat, ansichtskärtlich:
Gleich bei der Ankunft in Neapel
Läßt dreißig Karten er vom Stapel
Und widmet ähnlichem Behufe
Sich auf dem Wege zum Vesuve.
Schreibt allen, die er irgend kennt
Aus Capri, Paestum und Sorrent,
Beschickt befreundete Familien
Mit Kartengrüßen aus Sizilien,
An Hand von Listen schießt der Gute
Aus Rom unendliche Salute,
An Vorgesetzte, Untergebne
Schreibt er aus der Campagna-Ebne
Und ist nun endlich, in Firenze
Beinah an der Verzweiflung Grenze.
Kaum kam er, bei dem Amt, dem wichtigen,
Dazu, auch selbst was zu besichtigen.
Jetzt erst, verlassend schon Venedig,
Hält er sich aller Pflicht für ledig:
Reist heim, damit er gleich, als Neffe,
Die, ach!, vergessne Tante treffe:
»Kein Mensch denkt an uns alte Leut –
Ein Kärtchen hätt mich auch gefreut!«

GESCHEITERTE SAMMLUNG

Ein Mensch – er freut sich drauf, und wie! –
Geht in die fünfte Sinfonie.
Wie liebt er grad den ersten Satz!
Er setzt sich still auf seinen Platz,
Daß ganz er dem Genuß sich weihe...
Ein Herr grüßt aus der dritten Reihe.
Der Mensch, wohl wissend, daß ern kenn,
Denkt flüchtig bloß, wie heißt er denn?
Worauf er fromm die Augen schließt,
Damit Musik sich in ihn gießt.
Kaum hebt den Stab der Zappelmann,
Schon geht bei ihm der Rappel an:
Wie rast der Geigen Glanzgeschwirre –
Der Mann heißt Fuld, wenn ich nicht irre!
Trompeten holt des Meisters Wink
Zu wilder Pracht – der Mann heißt Fink!
Wie steigt der Melodien Wuchs
Aus Zaubertiefen – er heißt Fuchs!
Wie klagt so süß ein Flötenlauf –
Der Mensch, er kommt und kommt nicht drauf.
Posaunen strahlen des Gerichts –
Mit Fuchs ist es natürlich nichts.
Horch, des Finales stolzer Prunk –
Funk heißt er, selbstverständlich, Funk!
Des Menschen Kopf ist wieder frei:
Die Sinfonie ist auch vorbei...

ZEITGENÖSSISCHE ENTWICKLUNG

Ein Mensch sitzt da und schreibt vergnügt,
Sein Fleiß ist groß und das genügt.
Doch bald hat er sich angeschafft
Die erste Schreibmaschinenkraft;
Das langt nach kurzer Zeit nicht mehr,
Es müssen noch zwei andre her,
Desgleichen wer fürs Telefon,
Auch wird ein Diener nötig schon,
Ein Laufbursch und, es währt nicht lang,
Ein Fräulein eigens für Empfang.
Nun kommt noch ein Bürovorsteher –
Jetzt, meint der Mensch, ging es schon eher.
Doch fehlt halt noch ein Hauptbuchhalter
Sowie ein Magazinverwalter.
Sechs Kräfte noch zum Listen führen –
Da kann man sich schon besser rühren.
Doch reichen nun, man sah's voraus,
Die Tippmamsellen nicht mehr aus.
Bei Angestellten solcher Zahl
Braucht's einen Chef fürs Personal;
Der wiedrum, soll er wirksam sein,
Stellt eine Sekretärin ein.
Die Arbeit ist im Grunde zwar
Die gleiche, die sie immer war,
Doch stilgerecht sie zu bewältigen,
Muß man die Kraft verhundertfältigen.
Der Mensch, der folgerichtig handelt,
Wird zur Behörde so verwandelt.

Das Haus

Ein Mensch erblickt ein neiderregend
Vornehmes Haus in schönster Gegend.
Der Wunsch ergreift ihn mit Gewalt:
Genau so eines möcht er halt!
Nur dies und das, was ihn noch störte,
Würd anders, wenn es ihm gehörte;
Nur wär er noch viel mehr entzückt
Stünd es ein wenig vorgerückt...
Kurz, es besitzend schon im Geiste,
Verändert traumhaft er das meiste.
Zum Schluß möcht er (gesagt ganz roh)
Ein andres Haus – und anderswo.

Versäumter Augenblick

Ein Mensch, der beinah mit Gewalt
Auf ein sehr hübsches Mädchen prallt,
Ist ganz verwirrt; er stottert, stutzt
Und läßt den Glücksfall ungenutzt.
Was frommt der Geist, der aufgespart,
Löst ihn nicht Geistesgegenwart?
Der Mensch übt nachts sich noch im Bette,
Wie strahlend er gelächelt hätte.

NÄCHTLICHES ERLEBNIS

Ein Mensch, der nachts schon ziemlich spät
An ein verworfnes Weib gerät,
Das schmelzend Bubi zu ihm sagt
Und ihn mit wilden Wünschen plagt,
Fühlt zwar als Mann sich süß belästigt,
Jedoch im Grund bleibt er gefestigt
Und läßt, bedenkend die Gebühren,
Zur Ungebühr sich nicht verführen.
Doch zugleich sparsam und voll Feuer
Bucht er das dann als Abenteuer.

DER BRANDSTIFTER

Ein Mensch, den friert, beliebt zu scherzen
Mit eines Weibes heißem Herzen.
Kaum geht er mit dem Weib zu zweit,
Geht er natürlich gleich zu weit.
Jedoch, sobald er nun erkennt,
Daß jene schon gefährlich brennt,
Benützt er seinen innern Knax
Als sozusagen Minimax.
Die Jungfrau, die schon stark verkohlt,
Sich davon nie mehr ganz erholt.
Den Menschen kommt der Fall nicht teuer:
Er ist versichert gegen Feuer.

(Hoffentlich nur)
Erinnerungen
1933–1948

ÜBERRASCHUNGEN

Ein Mensch dem Sprichwort Glauben schenkt:
's kommt alles anders, als man denkt –
Bis er dann die Erfahrung macht:
Genau so kam's, wie er gedacht.

GETEILTES LEID

Ein Mensch, der weiß, geteiltes Leid
Ist halbes, hätt gern, ohne Neid,
Sein Leid den andern mit-geteilt,
Doch, wen er anspricht, der enteilt:
»Von einem Amt zum andern renn ich –«
Der andre sagt nur: »Kenn ich, kenn ich!«
»Was meinen Sie, die Beine reiß ich
Mir aus um Kohlen!« »Weiß ich, weiß ich!«
»Um Salz die ganze Stadt durchtrab ich –
Hast Du 'ne Ahnung!« »Hab ich, hab ich!«
»Den Eindruck langsam schon gewinn ich,
Daß ich verrückt werd!« »Bin ich, bin ich!«
»Und all die Sorgen, schon rein häuslich!«
»Ja«, seufzt der andre, »scheußlich, scheußlich!«
Und will nicht weiter sich bequemen,
Dem Menschen Kummer abzunehmen,
Beziehungsweise, selbst mit Sorgen
Versorgt, ihm Lebensmut zu borgen.
Drum läuft ein jeder krumm und stumm
Allein mit seinem Kummer rum.

GRÜNDLICHE EINSICHT

Ein Mensch sah jedesmal noch klar:
Nichts ist geblieben so, wie's war. –
Woraus er ziemlich leicht ermißt:
Es bleibt auch nichts so, wie's grad ist.
Ja, heut schon denkt er, unbeirrt:
Nichts wird so bleiben, wie's sein wird.

WELTGESCHICHTE

Ein Mensch las ohne weiteres Weh
Daß einst zerstört ward Ninive,
Daß Babylon, daß Troja sank...
Und drückend die Lateinschul-Bank
Macht' einzig dies ihm Eindruck tief:
»Daß Ihr mir cum mit Konjunktiv
Im ganzen Leben nicht vergesset:
›Carthago cum deleta esset!‹«
Der Mensch stellt fest, der harmlos-schlichte:
»Je nun, das ist halt Weltgeschichte!«
Jetzt liegen Bücher, Möbel, Flügel
In Trümmern, unterm Aschenhügel.
Nicht eine Stadt, das ganze Reich
Ist Troja und Karthago gleich.
Doch, schwitzend bei der Hausaufgabe,
Frägt ihn vielleicht der Enkelknabe:
»Sag, ist's so richtig: ›Cum Europa
Deleta esset‹, lieber Opa?«

Die Liste

Ein Mensch, der ohne jeden Grund
Auf einer schönen Liste stund,
Stand dadurch zugleich hoch in Gnaden
Und ward geehrt und eingeladen.
Ein andrer Mensch, der auch von wem,
Gleichgültig, ob's ihm angenehm,
Auf eine Liste ward gesetzt,
Bezahlt es mit dem Leben jetzt.
Moral ist weiter hier entbehrlich:
Auf Listen stehen, ist gefährlich.

Ewiges Gespräch

Ein Mensch will, schon um zu vergessen,
Von andrem reden, als vom Essen.
Um zu verwischen jede Spur,
Spricht er von indischer Kultur.
Jedoch, schon dient ihm zum Beweise:
Die Inder nähren sich vom Reise.
Und das Gespräch schließt ab, wie immer:
Reis gibt es schon seit Jahren nimmer!

TABAKSORGEN

Ein Mensch, auf sein Tabakgebettel,
Kriegt nirgends nur ein Zigarettel.
Doch schickt, welch unverhofftes Glück,
Ein beinah Fremder fünfzig Stück
Ganz ohne Grund und ohne Bitten –
Ja, noch zum zweitenmal und dritten.
Das ist nun auch schon länger her –
Seitdem gibt's überhaupt nichts mehr.
Der Mensch mit keinem Schnaufer denkt
All derer, die ihm nichts geschenkt;
Doch mehr und mehr muß ihn empören:
»Der Schuft läßt auch, scheint's, nichts mehr hören!«

UNDANK

Ein Mensch, obwohl er selbst kaum satt,
Gibt gern vom Letzten, was er hat.
Jedoch der Dank für solche Gaben?
»Wieviel muß der gehamstert haben!«

NUR

Ein Mensch, der, sagen wir, als Christ,
Streng gegen Mord und Totschlag ist,
Hält einen Krieg, wenn überhaupt,
Nur gegen Heiden für erlaubt.
Die allerdings sind auszurotten,
Weil sie des wahren Glaubens spotten!
Ein andrer Mensch, ein frommer Heide,
Tut keinem Menschen was zuleide,
Nur gegenüber Christenhunden
Wär jedes Mitleid falsch empfunden.
Der ewigen Kriege blutige Spur
Kommt nur von diesem kleinen »nur«...

EINSICHT

Ein Mensch beweist uns klipp und klar,
Daß er es eigentlich nicht war.
Ein andrer Mensch mit Nachdruck spricht:
Wer es auch sei – ich war es nicht!
Ein dritter läßt uns etwas lesen,
Wo drinsteht, daß er's nicht gewesen.
Ein vierter weist es weit von sich:
Wie? sagt er, was? Am Ende ich?
Ein fünfter überzeugt uns scharf,
Daß man an ihn nicht denken darf.
Ein sechster spielt den Ehrenmann,
Der es gewesen nicht sein kann.
Ein siebter – kurz, wir sehen's ein:
Kein Mensch will es gewesen sein.
Die Wahrheit ist in diesem Falle:
Mehr oder minder warn wir's alle!

UMSTÜRZE

Ein Mensch sieht wild die Menschheit grollen:
Paß auf! Jetzt kommt, was alle wollen!
Doch schau, die Klügern sind schon still:
's kommt, was im Grunde keiner will.

LEGENDENBILDUNG

Ein Mensch, vertrauend auf sein klares
Gedächtnis, sagt getrost »So war es!«
Er ist ja selbst dabei gewesen –
Doch bald schon muß er's anders lesen.
Es wandeln sich, ihm untern Händen,
Wahrheiten langsam zu Legenden.
Des eignen Glaubens nicht mehr froh
Fragt er sich zweifelnd: »War es so?«
Bis schließlich überzeugt er spricht:
»Ich war dabei – so war es nicht!«

Leider

Ein Mensch, kein Freund der raschen Tat,
Hielt sich ans Wort: Kommt Zeit, kommt Rat.
Er wartete das Herz sich lahm –
Weil Unzeit nur und Unrat kam.

Unverhoffter Erfolg

Ein Mensch, am Schalter schnöd besiegt,
So daß er keine Stiefel kriegt,
Geht stracks zum Vorstand, wutgeladen,
Gewillt, zu toben, ohne Gnaden.
Er hält schon, voller Zorn und Haß
Die Lunte an sein Pulverfaß:
»Nein!« Wird er sagen, dieser Schuft –
Doch wart, dann geh ich in die Luft!
Der Vorstand aber spricht voll Ruh:
»Ja, Stiefel stehen Ihnen zu!«
Der Mensch, ganz baff, ja, kaum beglückt,
Hat still die Lunte ausgedrückt.
Doch weiß er nicht, den Bauch voll Groll,
Wohin er ihn entladen soll.
Obgleich er, was er wollt, erworben,
Ist ihm der ganze Tag verdorben.

WUNDERLICH

Ein Mensch kann's manchmal nicht verstehn,
Trifft ein, was er vorausgesehn.

WAHRSCHEINLICH

Ein Mensch hat, außer Redensarten,
Nicht mehr viel Schönes zu erwarten.

VERWANDLUNG

Ein Mensch erzählt uns, leicht verschwommen,
Daß er sich einwandfrei benommen, –
Das heißt, benehmen hätte sollen
Und wohl auch hätte haben wollen.
Nun wissen wir an dessen Statt,
Daß er sich schlecht benommen hat.
Doch seltsam: auch wir selber möchten,
Daß Wunsch und Wahrheit sich verflöchten
Und jener so, wie er's wohl wüßte,
Daß sich ein Mensch benehmen müßte,
Sich in der Tat benommen hätte...
Und leicht erliegen wir der Glätte
Der immer kühnern Rednergabe:
Wie gut er sich benommen habe.

DAS SCHWIERIGE

Ein Mensch würd sich zufrieden geben
Damit, daß tragisch wird das Leben.
Das Schwierige liegt mehr an dem:
Es wird auch fad und unbequem.

DIE ERBSCHAFT

Ein Mensch begräbt zwei alte Tanten,
Verteilt ihr Gut an die Verwandten:
Erbtante man die eine nennt;
Viel Streit gab's schon ums Testament.
Was hatte sie? Ein schönes Haus –
Drei Wochen vorher brannt es aus
Und bringt jetzt nicht einmal mehr Miete. –
Die Erbschaft, kurz, war eine Niete.
Die andre Tante, die war ärmlich;
Den Kram, der sicher recht erbärmlich,
Ließ man dem Menschen, unbesehn –
Was konnte schon verlorengehn?
Nur sacht! Das Wichtigste gerade:
Neun Töpfe Himbeermarmelade,
Ein schweres Kübelchen voll Schmalz,
Ein bißchen Seife, Zucker, Salz,
Noch echter Zimt und echter Pfeffer –
Kurzum, die Erbschaft war ein Treffer!

Zur Warnung

Ein Mensch, zu kriegen einen Stempel,
Begibt sich zum Beamten-Tempel
Und stellt sich, vorerst noch mit kalter
Geduld zum Volke an den Schalter.
Jedoch, wir wissen: Hoff- und Harren,
Das machte manchen schon zum Narren.
Sankt Bürokratius, der Heilige,
Verachtet nichts so sehr wie Eilige.
Der Mensch, bald närrisch-ungeduldig
Vergißt die Ehrfurcht, die er schuldig,
Und, wähnend, daß er sich verteidigt,
Hat er beamten schon -beleidigt.
Er kriegt den Stempel erstens nicht,
Muß, zweitens, auf das Amtsgericht,
Muß trotz Entschuldigens und Bittens
Noch zehn Mark Strafe zahlen, drittens,
Muß viertens, diesmal ohne Zorn,
Sich nochmal anstelln, ganz von vorn,
Darf, fünftens, keine Spur von Hohn
Raushörn aus des Beamten Ton
Und darf sich auch nicht wundern, sechstens,
Wenn er kriegt Scherereien, nächstens.
Geduld hat also keinen Sinn,
Wenn sie uns abreißt, mittendrin.

GERECHTIGKEIT

Ein Mensch sieht hundert Menschen harren:
Sie stellen an sich um Zigarren.
Doch öffnet ihm ein Sesam-Wörtchen
Ein sehr bequemes Hinterpförtchen.
Doch jetzt vorm Bäcker – welche lange
Und giftgeschwollne Anstehschlange.
Der Mensch, verbindungslos hier ganz,
Stellt seufzend sich an ihren Schwanz.
Schlüpft da nicht wer ins Nebenhaus?
Hüpft da nicht wer mit Brot heraus?
»Ha!« grollt der Mensch, »die Welt entpuppt
Doch täglich neu sich als korrupt!«
Und bringt, damit dies würd gerochen,
Des Volkes Seele wild zum Kochen,
So daß Beleidigungen tödlich
Den treffen, der so eigenbrötlich.
Der Mensch, der fast schon in Gefahr,
Daß er ein Unmensch würde, war,
Besinnt sich noch zur rechten Zeit
Der höheren Gerechtigkeit:
Beziehungen sind gut und fein –
Nur müssen es die eignen sein!

WANDEL

Ein Mensch möcht, neunzehnhundertsiebzehn,
Bei der Regierung sich beliebt sehn.
Doch muß er, neunzehnhundertachtzehn,
Schon andre, leider, an der Macht sehn.
Klug will er, neunzehnhundertneunzehn,
Sich als der Kommunisten Freund sehn.
So wandelt unser Mensch sich fleißig
Auch neunzehnhundertdreiunddreißig.
Und, zeitig merkt man's, er geniert sich
Nicht neunzehnhundertfünfundvierzig.
Er denkt sich, als ein halber Held,
Verstellt ist noch nicht umgestellt.
Wir dürfen, wenn auch leicht betroffen,
Noch allerhand von ihm erhoffen.

LEIDER

Ein Mensch sieht schon seit Jahren klar:
Die Lage ist ganz unhaltbar.
Allein – am längsten, leider, hält
Das Unhaltbare auf der Welt.

NACHDENKLICHE GESCHICHTE

Ein Mensch hält Krieg und Not und Graus,
Kurzum, ein Hundeleben aus,
Und all das, sagt er, zu verhindern,
Daß Gleiches drohe seinen Kindern.
Besagte Kinder werden später
Erwachsne Menschen, selber Väter
Und halten Krieg und Not und Graus...
Wer denken kann, der lernt daraus.

DER BUMERANG

Ein Mensch hört irgendwas, gerüchtig,
Schnell schwatzt er's weiter, neuerungssüchtig,
So daß, was unverbürgt er weiß,
Zieht einen immer größern Kreis.
Zum Schluß kommt's auch zu ihm zurück. –
Jetzt strahlt der Mensch vor lauter Glück:
Vergessend, daß er's selbst getätigt,
Sieht froh er sein Gerücht bestätigt.

ZEITGEMÄSS

Ein Mensch, der mit Descartes gedacht,
Daß Denken erst das Leben macht,
Gerät in Zeiten, wo man Denker
Nicht wünscht – und wenn, dann nur zum Henker
Er kehrt den alten Lehrsatz um
Und sagt: non cogito, ergo sum!

ZU SPÄT

Ein Mensch erführ gern: wer, warum,
Wann, was und wie? Doch wahret stumm
Ihr Staatsgeheimnis die Geschichte. –
Dann regnet's unverhofft Berichte:
Im Grund kommt alles an den Tag –
Wenn es kein Mensch mehr wissen mag!

DER FEIGLING

Ein Mensch, dem Schicksalsgunst gegeben,
In einer großen Zeit zu leben,
Freut sich darüber – doch nicht täglich;
Denn manchmal ist er klein und kläglich
Und wünscht, schon tot und eingegraben,
In großer Zeit gelebt zu haben.

Kleine Geschichte

Ein Mensch blieb abends brav zu Haus. –
Doch leider ging sein Ofen aus,
Ging aus, allein und ohne ihn
Und wußte durchaus nicht: wohin?
Vielmehr, entschlossen, auszugehn,
Blieb rauchend er im Zimmer stehn.
Man konnte nicht sich einigen, gütlich –
Der Abend wurde ungemütlich...

Auf Umwegen

Ein Mensch, der, was auch kommen möge,
Niemals die andern glatt belöge,
Lügt drum, denn dies scheint ihm erlaubt,
Zuerst sich selbst an, bis er's glaubt.
Was er nun fast für Wahrheit hält,
Versetzt er dreist der ganzen Welt.

Mensch und Unmensch

Der Schuft

Ein Mensch hat einst wo was geschrieben –
Vergessen ist's seitdem geblieben...
Ein Unmensch aber läuft im Stillen
Herum und sagt: »Um Himmels Willen!
Als ich das las, was für ein Schrecken –
Ich hoff, man wird es nicht entdecken!
Der Ärmste wird doch nicht verpfiffen!?
Das Buch ist Gottseidank vergriffen!
Doch fürcht ich, daß das nicht viel helfe –
Der Satz steht Seite hundertelfe
Den man ihm niemals wird verzeihen.
Das Buch? das kann ich Ihnen leihen!«
Und tief besorgt, es käm ans Licht,
Entfernt sich dieser Bösewicht.

Ahnungslos

Ein Mensch hört staunend und empört,
Daß er, als Unmensch, alle stört:
Er nämlich bildet selbst sich ein,
Der angenehmste Mensch zu sein.
Ein Beispiel macht Euch solches klar:
Der Schnarcher selbst schläft wunderbar.

DER SITZPLATZ

Ein Mensch sitzt in der Bahn ganz heiter,
Als mittlerer von dreien, zweiter.
Dort muß, die Vorschrift ist jetzt scharf,
Ein vierter sitzen, bei Bedarf.
Ein Unmensch kommt, der strenge mustert:
Doch alle hocken aufgeplustert
Und ihre böse Miene spricht:
Vielleicht woanders, bei mir nicht!
Der Unmensch hat sofort erkannt,
Wo der geringste Widerstand
Und setzt sich, breit und rücksichtslos,
Dem Menschen beinah auf den Schoß,
So daß der vorzieht, aufzustehn
Und überhaupt ganz wegzugehn.
Gar heiter sitzt der Unmensch jetzt,
Denn schau: er hat sich »durchgesetzt«!

Immer dasselbe

Ein Mensch vor einer Suppe hockt,
Die ihm ein Unmensch eingebrockt.
Er löffelt sie, gewiß nicht froh –
Der Unmensch, der ist, wer weiß wo
Und hofft, man würd' auf ihn vergessen.
Kaum ist die Suppe ausgefressen,
Kommt er zurück von ungefähr,
Als ob er ganz wer andrer wär
Und brockt, bescheiden erst und klein,
Die nächste Suppe wieder ein.
Der Mensch, macht's auch der Unmensch plump,
Sieht nicht: Es ist der alte Lump!
Bis ihm vom Auge fällt die Schuppe,
Sitzt er vor einer neuen Suppe!

Verdienter Hereinfall

Ein Mensch kriegt einen Kitsch gezeigt.
Doch anstatt daß er eisig schweigt,
Lobt er das Ding, das höchstens nette,
Fast so, als ob er's gerne hätte.
Der Unmensch, kann er es so billig,
Zeigt unverhofft sich schenkungswillig
Und sagt, ihn freut's, daß an der Gabe
Der Mensch so sichtlich Freude habe.
Moral: Beim Lobe stets dran denken,
Man könnte dir dergleichen schenken!

Je nachdem

Ein Mensch steht an der Straßenbahn.
Grad kommt sie, voll von Leuten an,
Die alle schrein – denn sie sind drin –.
»Bleib draußen, Mensch, 's hat keinen Sinn!«
Der Mensch, der andrer Meinung ist,
Drückt sich hinein mit Kraft und List,
Ja, man kann sagen, was kein Lob,
Unmenschlich, lackelhaft und grob.
Der Mensch, jetzt einer von den Drinnern
Kann kaum sich des Gefühls erinnern,
Das einer hat, der draußen jammert,
Und krampfhaft sich ans Trittbrett klammert.
Er macht sich deshalb breit und brüllt:
»Sie sehn doch – alles überfüllt!«
Doch ginge unser Urteil fehl,
Spräch es dem Menschen ab die Seel.
Inzwischen sitzend selbst im Warmen,
Spricht er zum Nachbarn voll Erbarmen,
Wie man es wohl begreifen solle,
Daß jeder Mensch nach Hause wolle.
Ja, mit Humor, sagt er nun heiter
Und gutem Willen käm man weiter!

VERDÄCHTIGUNGEN

Ein Mensch schwatzt lieb mit einem zweiten –
Ein dritter geht vorbei von weiten.
Der erste, während sie den biedern
Gruß jenes dritten froh erwidern,
Läßt in die Unterhaltung fließen:
»Der ist mit Vorsicht zu genießen!«
Sie trennen sich: der zweite trifft
Den dritten – und verspritzt sein Gift:
»Der Herr, mit dem ich grad gewandelt,
Mit Vorsicht, Freund, sei der behandelt!«
Der erste, wie sich Zufall häuft,
Nun übern Weg dem dritten läuft,
Der, auf den zweiten angespielt,
Die höchste Vorsicht anempfiehlt,
So daß, in Freundlichkeit getarnt,
Vor jedem jeder jeden warnt.
Die Vorsicht ist zum Glück entbehrlich:
Denn alle drei sind ungefährlich!

TRAURIGE GESCHICHTE

Ein Mensch erkennt: Sein ärgster Feind:
Ein Unmensch, wenn er menschlich scheint!

UNGLEICHER MASSSTAB

Ein Mensch, in seines Lebens Lauf
Reibt sich mit Briefeschreiben auf.
Bei jedem Anlaß, ernst und heiter,
Wünscht Glück er, Beileid und so weiter,
Und nie versäumt er eine Frist,
Wenn etwa jemand siebzig ist,
Ein Kind kriegt oder einen Orden,
Und wenn er irgendwas geworden.
Zur Weihnachtszeit und zu Neujahr
Macht er sich lange Listen gar,
Damit er übersähe keinen,
Denn, ach, vergäße er nur einen,
Nie würde der, gekränkt fürs Leben,
Dem Menschen den faux pas vergeben.
Ein Unmensch hat das nie getan:
Er sagt: da fang ich gar nicht an!
Wird Tod, Geburt ihm angezeigt,
Knurrt er »Papierkorb!« bloß und schweigt
Und Glück zu wünschen, eheschlüssig,
Hält er für durchaus überflüssig.
Ei, denkt Ihr, diesem Dreist-Bequemen
Wird jedermann das übelnehmen!?
Kein Mensch empfindet das als roh.
Man sagt nur mild: Er ist halt so!

DER LEISE NACHBAR

Ein Mensch für seinen Nachbarn schwärmt,
Der, während rings die Welt sonst lärmt
Und keines Menschen Nerven schont,
Sein Zimmer mäuschenstill bewohnt.
Er hat – wie ist der Mensch drum froh! –
Nicht Wecker und nicht Radio.
Nichts hört man, kein Besuchsgeplapper,
Kein Trippeltrappeln, kein Geklapper
Von Eßgerät und Schreibmaschinchen:
Der Mann ist leis wie ein Kaninchen.
Der Mensch jetzt angestrengt schon lauscht,
Ob gar nichts raschelt oder rauscht,
Er wünscht, bald schlaflos von der Folter,
Sich nur ein Niesen, ein Gepolter –
Zum Beispiel ausgezogner Schuhe –
Vergeblich – rings herrscht Grabesruhe.
Ermangelnd jeglicher Geräusche
Fragt sich der Mensch, ob er sich täusche
Und jener Mann, – den er doch kennt! –
Vielleicht nicht leiblich existent?
Schon zieht der Wahnsinn wirre Kreise
Doch bleibt der Nachbar leise, leise.

Der Tischnachbar

Ein Mensch muß – und er tut's nicht gern –
Mit einem ixbeliebgen Herrn
Sich unterhalten längre Frist,
Weil der bei Tisch sein Nachbar ist.
Ein Unmensch offenbar, der jeden
Versuch, gescheit mit ihm zu reden –
Sei's Politik, sei's Sport, sei's Kunst –
Vereitelt: er hat keinen Dunst!
Der Mensch, sonst munter wie ein Zeisig,
Hüllt sich bereits in Schweigen, eisig.
Da fällt in diese stumme Pein
Das Stichwort: Hinterkraxenstein!
Das Dörflein, wo vor Tag und Jahr
Der Mensch zur Sommerfrische war.
Der Herr, sonst dumm und unbelesen,
Ist gar erst heuer dort gewesen!
Ja, was ist das?! Dann kennen Sie –
Natürlich! – und nun nennen sie
Den Förster und den Bürgermeister,
Den Apotheker – na, wie heißt er?
Und vor dem geistigen Auge beider
Ersteht der Lammwirt und der Schneider,
Der Schuster mit dem schiefen Bein –
Wahrhaftig, ist die Welt doch klein!
Und köstlich ist die Zeit verflossen
Mit diesem prächtigen Tischgenossen!

Irrtum

Ein Mensch meint, gläubig wie ein Kind,
Daß alle Menschen Menschen sind.

Himmlische Entscheidung

Ein Mensch, sonst harmlos im Gemüte,
Verzweifelt wild an Gottes Güte,
Ja, schimpft auf ihn ganz unverhohlen:
Ein Unmensch hat sein Rad gestohlen!
Der Unmensch aber, auf dem Rade,
Preist laut des lieben Gottes Gnade –
Und auch sich selbst, der, so begabt,
Ein Schwein zwar, solch ein Schwein gehabt. –
Wem steht der liebe Gott nun näher?
Dem unverschämten, schnöden Schmäher,
Dem dankerfüllten, braven Diebe?
Es reicht für *beide* seine Liebe,
Die, wie wir wissen, ganz unendlich,
Auch wenn sie uns oft schwer verständlich:
Der Unmensch, seelisch hochgestimmt,
Durch Sturz ein jähes Ende nimmt,
Was zweifellos für ihn ein Glücksfall:
Fünf Jahre gäb's sonst, wegen Rückfall!
Und auch der Mensch hat wirklich Glück:
Er kriegt sein schönes Rad zurück,
Nach Abzug freilich fürs Gefluch:
Zwei Achter und ein Gabelbruch.

Verhinderte Witzbolde

Ein Mensch erzählt grad einen Witz:
Gleich trifft des Geistes Funkelblitz! –
Doch aus der Schar gespannter Hörer
Bricht plötzlich vor ein Witz-Zerstörer,
Ein Witzdurch-Kreuzer, nicht mit Ohren
Bestückt, nein, mit Torpedorohren:
In die Erwartung, atemlos,
Wumbum! schießt der Zerstörer los,
Mit seinem Witz-dazwischen-Pfeffern.
Der Mensch sinkt rasch, mit schweren Treffern.
Racks! Geht auch jener in die Luft –
Die ganze Wirkung ist verpufft …
Der Mensch rät nun, statt sich zu quälen,
Dem Witz-Zerstörer, zu erzählen
Die eignen Witze, ganz allein –
Er selber wolle stille sein.
Jedoch der Unmensch, frei vom Blatt,
Gar keinen Witz auf Lager hat:
Nur, wenn auf fremden Witz er stößt,
Wird seiner, blindlings, ausgelöst.

Traurige Wahrheit

Ein Mensch liest, warm am Ofen hockend –
Indem das Wetter nicht verlockend –
Daß gestern, im Gebirg verloren,
Elendiglich ein Mann erfroren.
Der Mann tut zwar dem Menschen leid –
Doch steigert's die Behaglichkeit.

WINDIGE GESCHICHTE

Ein Mensch sieht, wie ein Unmensch wacker
Wind aussät auf der Zeiten Acker
Und sagt den Spruch ihm, den gelernten:
»Freund«, spricht er, »Du wirst Sturm hier ernten!«
Doch redet er, wie man errät,
Nur in den Wind, den jener sät,
Ja, mehr noch, in den unbewegt
Der Unmensch solche Warnung schlägt.
Der Sturm geht später in der Tat
Wild auf aus jener Windessaat.
Der Unmensch flieht – der Mensch allein
Bringt jetzt die schlimme Ernte ein.

FÜR GUSSEISERNE

Ein Mensch – daß ich nicht Unmensch sag –
Meint: »Alles kann man, wenn man mag.«
Vielleicht – doch gibt's da viele Grade:
Auch mögen-Können ist schon Gnade!

Das Schlimmste

Ein Mensch, der schon geraume Zeit
Geübt hat Treu und Redlichkeit
Glaubt gern (wir hätten's auch gedacht),
Daß Übung noch den Meister macht.
Jedoch bemerken wir betrübt,
Der Mensch hat nicht genug geübt,
Und kaum, daß er daneben tappt,
Hat ihn das Schicksal schon geschnappt
Und läßt sich gleich mit voller Wucht aus:
Der Mensch, der arme, kommt ins Zuchthaus.
Ein Unmensch übt, voll niedrer Schläue,
Nur Lumperei anstatt der Treue
Und bringt es hier, aus eigner Kraft,
Zu ungeahnter Meisterschaft.
Und siehe da, ihm geht nichts krumm:
Er läuft noch heute frei herum.

Billiger Rat

Ein Mensch nimmt alles viel zu schwer.
Ein Unmensch naht mit weiser Lehr
Und rät dem Menschen: »Nimm's doch leichter!«
Doch grad das Gegenteil erreicht er:
Der Mensch ist obendrein verstimmt,
Wie leicht man seine Sorgen nimmt.

Einfache Sache

Ein Mensch drückt gegen eine Türe,
Wild stemmt er sich, daß sie sich rühre!
Die schwere Türe, erzgegossen,
Bleibt ungerührt und fest verschlossen.
Ein Unmensch, sonst gewiß nicht klug,
Versucht's ganz einfach jetzt mit Zug.
Und schau! (Der Mensch steht ganz betroffen)
Schon ist die schwere Türe offen!
So geht's auch sonst in vielen Stücken:
Dort, wo's zu ziehn gilt, hilft kein Drücken!

Gott lenkt

Ein Mensch, dem eine Vase brach,
Gibt einem schnöden Einfall nach:
Er fügt sie, wie die Scherbe zackt
Und schickt sie, kunstgerecht verpackt,
Scheinheilig einem jungen Paar
Dem ein Geschenk er schuldig war.
Ja, um sein Bubenstück zu würzen
Schreibt er noch: »Glas!« drauf und: »Nicht stürzen!«
Der Mensch, heißt's, denkt, Gott aber lenkt:
Das Paar, mit diesem Schund beschenkt,
Ist weit entfernt, vor Schmerz zu toben –
Froh fühlt sich's eigner Pflicht enthoben,
Den unerwünschten Kitsch zu meucheln
Und tiefgefühlten Dank zu heucheln.

Lauf der Zeit

Ein Mensch geht freudig mit der Zeit,
Doch kommt er bald in Schwierigkeit:
Die Weltuhr rascher perpendikelt,
Als er sich hin- und herentwickelt.
Kaum kommt er also aus dem Takt,
Hat ihn das Pendel schon gepackt.
Ein Unmensch aber, der indessen
Weltuhrenabseits still gesessen
Auf unerschüttertem Gesäß
Spricht mild: »Es war nicht zeitgemäß!«

URTEIL DER WELT

Ein Mensch, um seine Schüchternheit
Zu überspringen, springt zu weit
Und landet jenseits guter Sitte.
Ein Unmensch, mit gemessnem Schritte,
Geht, überlegend kalt und scharf,
Genau so weit, wie man gehn darf.
Nun sagt die Welt – an sich mit Recht! –
Der Mensch benehm sich leider schlecht;
Und – was man ihr nicht wehren kann –
Der Unmensch sei ein Ehrenmann.
Gott freilich, der aufs Herz nur schaut,
Der weiß es – doch er sagt's nicht laut.

AUSSICHTEN

Ein Mensch, erfüllt von fortschrittsblanken,
Stromlinienförmigen Gedanken
Durcheilte froh die Zeit und fand
Nicht den geringsten Widerstand.
Er lebte gut und lebte gern,
Denn er war durch und durch modern.
Sein Sohn ist, lebend gegenwärtig,
Bereits so gut wie büchsenfertig.
Sein Enkel, wenn er sich dran hält,
Kommt schon in Weißblech auf die Welt.

Das Böse

Ein Mensch pflückt, denn man merkt es kaum,
Ein Blütenreis von einem Baum.
Ein andrer Mensch, nach altem Brauch,
Denkt sich, was der tut, tu ich auch.
Ein dritter, weil's schon gleich ist, faßt
Jetzt ohne Scham den vollen Ast
Und sieh, nun folgt ein Heer von Sündern,
Den armen Baum ganz leer zu plündern.
Von den Verbrechern war der erste,
Wie wenig er auch tat, der schwerste.
Er nämlich übersprang die Hürde
Der unantastbar reinen Würde.

Ein Ehrenmann

Ein Mensch, der mit genauem Glücke
Geschlüpft durch des Gesetzes Lücke,
Bebt noch ein Weilchen angstbeklommen
Doch dann, als wäre er gekommen
Durchs Haupttor der Gerechtigkeit,
Stolziert er dreist und macht sich breit.
Und keiner wacht so streng wie er,
Daß niemand schlüpft durch Lücken mehr.

Der Salto

Ein Mensch betrachtete einst näher
Die Fabel von dem Pharisäer,
Der Gott gedankt voll Heuchelei
Dafür, daß er kein Zöllner sei.
Gottlob! rief er in eitlem Sinn,
Daß ich kein Pharisäer bin!

Hinterher...

Ein Mensch, dem – wenn auch unter Beben –
Die große Zeit mitzuerleben
Das unerforschte Schicksal gönnte,
Hält sich an das, was leicht sein könnte:
Daß jeden jeden Augenblick
Vernichtend träfe das Geschick.
Ein Unmensch hält, nach Tag und Jahr,
Sich nur an das, was wirklich war.
Und er stellt fest, ganz kalt und listig
Auf Grund untrüglicher Statistik
Daß – ein Verhältnis, das verwundert –
Drei Fälle tödlich warn von hundert.
Das Leben wäre eine Lust,
Hätt man das vorher schon gewußt –
Mit Ausnahm freilich jener drei! –
Doch weiß man's erst, wenn es vorbei.

Saubere Brüder

Ein Mensch sieht Hand von Hand gewaschen.
Und doch – es muß ihn überraschen,
Daß der Erfolg nur ein geringer:
Zum Schluß hat alles schmierige Finger.

BAUPLÄNE

Ein Mensch, von Plänen wild bewegt,
Hat hin und her sich überlegt,
Wie er, es koste, was es wolle,
Sein hübsches Häuschen bauen solle,
Hat, prüfend Dutzende Entwürfe,
Geschwankt, wer es ihm bauen dürfe
Und wo es in der weiten Welt
Am besten würde aufgestellt:
In das Gebirg? An einen See?
Dem Menschen tut die Wahl zu weh,
So daß er Frist um Frist versäumt:
Das nette Häuschen bleibt geträumt.
Ein Unmensch, auf den nächsten Fleck
Setzt kurz entschlossen seinen Dreck.
Der ganzen Welt ist es ein Graus –
Doch immerhin, er hat sein Haus.

Lehren des Lebens

Nur ein Vergleich

Ein Mensch hat irgendwann und -wo,
Vielleicht im Lande Nirgendwo,
Vergnügt getrunken und geglaubt,
Der Wein sei überall erlaubt.
Doch hat vor des Gesetzes Wucht
Gerettet ihn nur rasche Flucht.
Nunmehr im Land Ixypsilon
Erzählt dem Gastfreund er davon:
Ei, lächelt der, was Du nicht sagst?
Hier darfst Du trinken, was Du magst!
Der Mensch ist bald, vom Weine trunken,
An einem Baume hingesunken.
Wie? brüllte man, welch üble Streiche?
So schändest Du die heilge Eiche?
Er ward, ob des Verbrechens Schwere,
Verdammt fürs Leben zur Galeere
Und kam, entflohn der harten Schule,
Erschöpft ins allerletzte Thule.
Ha! Lacht man dorten, das sind Träume!
Hier kümmert sich kein Mensch um Bäume.
Der Mensch, von Freiheit so begnadet,
Hat sich im nächsten Teich gebadet.
So, heißt's, wird Gastfreundschaft mißnutzt?
Du hast den Götterteich beschmutzt!
Der Mensch, der drum den Tod erlitten,
Sah: andre Länder, andre Sitten.

Wunsch und Begierde

Ein Mensch, der eines Tags entdeckt,
Daß jeder Wunsch nur Wünsche heckt,
Will, seinen Frieden zu verbürgen,
Von nun an jeden Wunsch erwürgen.
Schon naht ein Wünschlein, ahnungslos,
Klopft höflich an, tut gar nicht groß
Und wartet still, ob man's erfülle,
Der Mensch, mit wütendem Gebrülle,
Fährt auf und macht ihm ohne Grund
Den fürchterlichsten Schweinehund:
Er hab es satt, dies ewige Betteln,
Er werde sich nicht mehr verzetteln,
Er kenne schon die Wunsch-Schlawiner,
Die kommen, als ergebne Diener
Und, kaum daß man sie eingelassen,
Leichtsinnig Hab und Gut verprassen.
Der Wunsch, im Innersten gekränkt,
Hat sich jedoch darauf beschränkt,
Dies unverzeihliche Geläster
Zu melden seiner großen Schwester.
Frau Gier hört sich die Sache an
Und denkt sich: »Wart, Du Grobian!«
Sie putzt sich auf und schminkt sich grell;
Der Mensch verfällt ihr äußerst schnell,
Ruiniert sich, um sie zu erweichen –
Doch sie tut weiter nicht dergleichen.
So rächt das abgefeimte Luder
Das Unrecht an dem kleinen Bruder.

Allzu eifrig

Ein Mensch sagt – und ist stolz darauf –
Er geh in seinen Pflichten auf.
Bald aber, nicht mehr ganz so munter,
Geht er in seinen Pflichten unter.

DER VERGESSENE NAME

Ein Mensch begibt sich arglos schlafen –
Schon liegt sein Denken still im Hafen
Bis auf ein kleines Sehnsuchtsschiff,
Das aber gleichfalls im Begriff,
Den nahen heimatlichen Feuern
In aller Ruhe zuzusteuern.
Da plötzlich stößt, schon hart am Ziel,
Auf Mine oder Riff der Kiel.
Das Unglück, anfangs unerklärlich,
Scheint vorerst noch ganz ungefährlich.
Ein Name nur, der Jahr und Tag
Nutzlos, doch fest verankert lag,
Treibt unter Wasser, kreuz und quer
Als Wrack gespenstisch übers Meer.
Das Sehnsuchtsschiff, im Lauf gestört,
Funkt S-O-S, das wird gehört,
Und bald erscheint schon eine leichte
Gedächtnisflotte, um das Seichte
Nach jenem Namen abzufischen.
Doch dem gelingt es, zu entwischen,
Und schon rückt, mitten in der Nacht,
Die Flotte selbst aus, wie zur Schlacht.
Im Finstern aber hilflos stoßen
Die Denker-Dreadnoughts sich, die großen,
Wild gehn die Wünsche in die Luft;
Sinnlos wird höchste Kraft verpufft:
Die Flotte sinkt mit Mann und Maus. –
Der Name treibt ins Nichts hinaus.

Der Verschwender

Ein Mensch, der ein sehr hohes Maß
Von reiner Leidenschaft besaß,
Vermeinte, daß bei so viel Gnade
Es vorerst weiter gar nicht schade,
So ab und zu in kleinen Summen
Die Zinsen quasi zu verdummen.
Die Liebeleien wurden häufig,
Verschwenden wurde ihm geläufig.
Noch hab ich, kommt das Glück einmal,
So dachte er, das Kapital!
Die Liebe kam dann, unvermutet,
Die wert ist, daß man für sie blutet.
Der Mensch griff tief in seine Seele –
Und merkte plötzlich, daß sie fehle.
Zwar fand er noch, als Mann von Welt,
In allen Taschen Wechselgeld,
Doch reichte es für Liebe nimmer,
Nur mehr für billige Frauenzimmer...

SAGE

Ein Mensch – ich hab das nur gelesen –
Hat einst gelebt bei den Chinesen
Als braver Mann; er tat nichts Schlechts
Und schaute nicht nach links und rechts;
Er war besorgt nur, wie er find
Sein täglich Brot für Weib und Kind.
Es herrschte damals voller Ruh
Der gute Kaiser Tsching-Tschang-Tschu.
Da kam der böse Dschu-pu-Tsi;
Man griff den Menschen auf und schrie:
»Wir kennen Dich, Du falscher Hund,
Du bist noch Tsching-Tschang-Tschuft im Grund!«
Der Mensch, sich windend wie ein Wurm,
Bestand den Dschuh-Putschistensturm,
Beschwörend, nur Chinese sei er.
Gottlob, da kamen die Befreier!
Doch die schrien gleich: »Oh Hinterlist!
Du bist auch ein Dschuh-Pu-Blizist!«
Der Mensch wies nach, daß sie sich irren. –
Oh weh, schon gab es neue Wirren:
Es folgten Herren neu auf Herren,
Den Menschen hin und her zu zerren:
»Wie? Du gesinnungsloser Tropf!«
So hieß es, »hängst am alten Zopf?«
Der Mensch nahm also seinen Zopf ab. –
Die nächsten schlugen ihm den Kopf ab,
Denn unter ihnen war verloren,
Wer frech herumlief, kahlgeschoren.
So schwer ist's also einst gewesen,
Ein Mensch zu sein – bei den Chinesen!

DAS GEHEIMNIS

Ein Mensch bemerkt oft, tief ergrimmt,
Daß irgendwas bei ihm nicht stimmt.
Jedoch, woran es ihm gebricht,
Er findet's nicht und findet's nicht.
Und ohne es entdeckt zu haben,
Stirbt er zum Schluß und wird begraben;
Schad, daß er nicht mehr hören kann:
Am Sarg sagts offen jedermann.

DER PECHVOGEL

Ein Mensch, vom Pech verfolgt in Serien
Wünscht jetzt sich von den Furien Ferien.
Er macht, nicht ohne stillen Fluch,
Ein dementsprechendes Gesuch.
Jedoch wird, wie so oft im Leben
Dem höhern Orts nicht stattgegeben.
Begründung: »Wechsel sich nicht lohnt,
Wir sind den Menschen schon gewohnt.«

Unterschied

Ein Mensch fand wo ein heißes Eisen
Und, um das Sprichwort zu erweisen,
Ließ er sich durchaus nicht verführen,
Das heiße Eisen anzurühren.
Ein andrer Mensch, auch sprichwortkundig,
Nahm die Gelegenheit für pfundig,
Zum Hammer griff er und zur Zange
Und schmiedete drauf los, so lange
Das Eisen warm war – und grad diesen
Hat man, als Glücksschmied, hochgepriesen.
Der Wahrheit drum sich jeder beuge:
's hängt alles ab vom Handwerkszeuge!

Das Bessere

Ein Mensch denkt logisch, Schritt für Schritt.
Jedoch, er kommt nicht weit damit.
Ein andrer Mensch ist besser dran:
Er fängt ganz schlicht zu glauben an.
Im Staube bleibt Verstand oft liegen –
Der Glaube aber kann auch fliegen!

DER TUGENDBOLD

Ein Mensch, und zwar von frommer Sitte,
Ging durch die Stadt in Sommermitte,
Wo, daß sie nicht durch Hitze leide,
Die Welt sich bot im leichten Kleide.
Ein Weib auch hatte wohlgehüftet,
In solcher Weise sich gelüftet,
So daß es, wirklich schöngeschenkelt,
Doch von Moral nicht angekränkelt
Zwar bunt, doch ziemlich ohne was,
Aufreizend auf dem Rade saß.
Der Mensch, der seine Augen stielte,
Wild nach des Weibes Blößen schielte –
Doch dann zum Himmel er sie hob –
Die Augen – sich zum Tugendlob:
Das Weib vermocht' dem keuschen Knaben
Anhabend nichts, nichts anzuhaben.

METAPHYSISCHES

Ein Mensch erträumt, was er wohl täte,
Wenn wieder er die Welt beträte.
Dürft er zum zweiten Male leben,
Wie wollt er nach dem Guten streben
Und streng vermeiden alles Schlimme!
Da ruft ihm zu die innre Stimme:
»Hör auf mit solchem Blödsinn, ja?!
Du bist zum zwölften Mal schon da!«

ZWEIERLEI

Ein Mensch – man sieht, er ärgert sich –
Schreit wild: Das ist ja lächerlich!
Der andre, gar nicht aufgebracht,
Zieht draus die Folgerung und – lacht.

Halbes Glück

Ein Mensch, vom Glücke nur gestreift,
Greift hastig zu, stürzt, wird geschleift,
Kommt unters Rad, wird überfahren –
Dergleichen kannst Du Dir ersparen
Wenn Du nicht solche Wege gehst,
Wo Du dem Glück im Wege stehst.

Bange Frage

Ein Mensch, ungläubig und verrucht,
Dummdreist das Ewige verflucht.
Was aber wird ihm wohl begegnen,
Muß er das Zeitliche einst segnen?

Musikalisches

Ein Mensch, will er auf etwas pfeifen,
Darf sich im Tone nicht vergreifen.

DER UNENTSCHLOSSENE

Ein Mensch ist ernstlich zu beklagen,
Der nie die Kraft hat, nein zu sagen,
Obwohl er's weiß, bei sich ganz still:
Er will nicht, was man von ihm will!
Nur, daß er Aufschub noch erreicht,
Sagt er, er wolle sehn, vielleicht ...
Gemahnt nach zweifelsbittern Wochen,
Daß er's doch halb und halb versprochen,
Verspricht er's, statt es abzuschütteln,
Aus lauter Feigheit zu zwei Dritteln,
Um endlich, ausweglos gestellt,
Als ein zur Unzeit tapfrer Held
In Wut und Grobheit sich zu steigern
Und das Versprochne zu verweigern.
Der Mensch gilt bald bei jedermann
Als hinterlistiger Grobian –
Und ist im Grund doch nur zu weich,
Um nein zu sagen – aber gleich!

Durch die Blume

Ein Mensch pflegt seines Zimmers Zierde,
Ein Rosenstöckchen, mit Begierde.
Gießt's täglich, ohne zu ermatten,
Stellt's bald ins Licht, bald in den Schatten,
Erfrischt ihm unentwegt die Erde,
Vermischt mit nassem Obst der Pferde,
Beschneidet sorgsam jeden Trieb –
Doch schon ist hin, was ihm so lieb.
Leicht ist hier die Moral zu fassen:
Man muß die Dinge wachsen lassen!

Das Messer

Ein Mensch, der lang schon drunter litt,
Wie schlecht sein Taschenmesser schnitt,
Gab's zögernd eines Tags nach reifer
Erwägung einem Scherenschleifer,
Daß es von nun an schneide besser.
Doch der, ein Meister, schliff das Messer
Weit über menschlichen Bedarf
Ganz unvorstellbar gräßlich scharf.
Der Mensch, trotz bittern Herzenwehs
Behalf sich künftig ohne es.

Lebenslügen

Ein Mensch wird schon als Kind erzogen
Und, dementsprechend, angelogen.
Er hört die wunderlichsten Dinge,
Wie, daß der Storch die Kinder bringe,
Das Christkind Gaben schenk zur Feier,
Der Osterhase lege Eier.
Nun, er durchschaut nach ein paar Jährchen,
Daß all das nur ein Ammenmärchen.
Doch andre, weniger fromme Lügen
Glaubt bis zum Tod er mit Vergnügen.

BESCHEIDENHEIT

Ein Mensch möcht erste Geige spielen –
Jedoch das ist der Wunsch von vielen,
So daß sie gar nicht jedermann,
Selbst wenn er's könnte, spielen kann:
Auch Bratsche ist für den, der's kennt,
Ein wunderschönes Instrument.

FALSCHE HERAUSFORDERUNG

Ein Mensch, so grade in der Mitten,
Nicht just verehrt, doch wohlgelitten,
Zwingt, anstatt still sein Los zu leiden,
Schroff Freund und Frau, sich zu entscheiden.
Und jene, die viel lieber lögen,
Erklären, daß sie ihn wohl mögen,
Jedoch, sollt klar gesprochen sein,
Dann sagten sie doch lieber nein.
Der Mensch, sonst nach Gebühr geduldet,
Hat dieses Urteil selbst verschuldet:
Denn es gibt Dinge auf der Welt,
Die man nicht auf die Probe stellt,
Weil sie, wie, ach, so viel im Leben
Sich halten lassen nur im Schweben.

FORTSCHRITTE

Ein Mensch wünscht sich ganz unaussprechlich,
Daß Glück und Glas sei unzerbrechlich.
Die Wissenschaft vollbringt das leicht:
Beim Glas hat sie's schon fast erreicht.

PARABEL

Ein Mensch, der sich für stark gehalten,
Versuchte, einen Klotz zu spalten.
Doch schwang vergebens er sein Beil:
Der Klotz war gröber als der Keil.
Ein zweiter sprach: Ich werd's schon kriegen!
Umsonst – der grobe Klotz blieb liegen.
Ein dritter kam nach Jahr und Tag
Dem glückt' es auf den ersten Schlag.
War der nun wirklich gar so forsch?
Nein – nur der Klotz ward seitdem morsch.

AUSNAHME

Ein Mensch fällt jäh in eine Grube,
Die ihm gegraben so ein Bube.
Wie? denkt der Mensch, das kann nicht sein:
Wer Gruben gräbt, fällt selbst hinein! –
Das mag vielleicht als Regel gelten:
Ausnahmen aber sind nicht selten.

DIE UHR

Ein Mensch, das ehrt den treuen, frommen –
Läßt nie auf seine Uhr was kommen,
Die seit dem Tag, da er gefirmt,
Ihn und sein Tagewerk beschirmt.
Wo er auch ist, macht er sich wichtig:
Er selbst und seine Uhr gehn richtig.
Doch plötzlich frißt die Uhr die Zeit
Nicht mit gewohnter Pünktlichkeit,
Der Mensch erlebt die bittre Schmach,
Daß man ihm sagt, die Uhr geht nach.
Da wird ihm selbst, der immer nur
Genau gelebt hat, nach der Uhr,
Erschüttert jegliches Vertrauen:
Er kann die Zeit nicht mehr verdauen!

Guter Rat

Ein Mensch, der liebestoll, verzückt,
An seine Brust ein Mädchen drückt,
Spürt jäh ein Knittern und ein Knarren:
Ha! denkt er, das sind die Zigarren!
Und sein Gefühl entfernt sich weit
Von Liebe und von Zärtlichkeit.
Der Mensch mag Nietzsches Rat verfemen,
Zum Weib die Peitsche mitzunehmen;
Doch sicher wird ihm meiner passen:
Verliebt, Zigarrn daheim zu lassen!

Optische Täuschung

Ein Mensch sitzt stumm und liebeskrank
Mit einem Weib auf einer Bank;
Er nimmt die bittre Wahrheit hin,
Daß sie zwar liebe, doch nicht ihn.
Ein andrer Mensch geht still vorbei
Und denkt, wie glücklich sind die zwei,
Die – in der Dämmrung kann das täuschen –
Hier schwelgen süß in Liebesräuschen.
Der Mensch in seiner Not und Schmach
Schaut trüb dem andern Menschen nach
Und denkt, wie glücklich könnt ich sein,
Wär ich so unbeweibt allein.
Darin besteht ein Teil der Welt,
Daß andre man für glücklich hält.

UNTERSCHIED

Ein Mensch möcht, jung noch, was erleben.
Doch mit der Zeit wird sich das geben,
Bis er, im Alter, davor bebt,
Daß er am End noch was erlebt.

DIE VERZÖGERUNGSTAKTIK

Ein Mensch voll Lebensüberdruß
Sagt zu sich selbst: »Jetzt mach ich Schluß!«
Jedoch, er findet tausend Gründchen,
Zu warten noch ein Viertelstündchen.
Die Gründchen sammeln sich zum Grunde:
Er schiebt's hinaus noch eine Stunde.
Kann er noch sterben, wann er mag,
Hat's auch noch Zeit am nächsten Tag.
Zuletzt hat er sich fest versprochen,
Sich zu gedulden ein, zwei Wochen.
Und schau: Das Seelentief zog weiter –
Seit Jahren lebt er wieder heiter...

Auf der Goldwaage

Ein Mensch vergesse eines nicht:
Auch Unwägbares hat Gewicht!

Unerwünschte Belehrung

Ein Mensch, dem's ziemlich dreckig geht,
Hört täglich doch, von früh bis spät,
Daß ihm das Schicksal viel noch gönnte
Und er im Grunde froh sein könnte;
Daß, angesichts manch schwererer Bürde
Noch der und jener froh sein würde,
Daß, falls man etwas tiefer schürfte,
Er eigentlich noch froh sein dürfte;
Daß, wenn genau man's nehmen wollte,
Er, statt zu jammern, froh sein sollte,
Daß, wenn er andrer Sorgen wüßte,
Er überhaupt noch froh sein müßte.
Der Mensch, er hört das mit Verdruß,
Denn unfroh bleibt, wer froh sein muß.

Feingefühl

Ein Mensch sieht ein – und das ist wichtig:
Nichts ist ganz falsch und nichts ganz richtig

ZWECKLOS

Ein Mensch hört gern in Zeit, in trüber,
Den Trost, dies alles geh vorüber.
Doch geht dabei – das ist es eben! –
Vorüber auch sein kurzes Leben…

KLEINIGKEITEN

Ein Mensch – das trifft man gar nicht selten –
Der selbst nichts gilt, läßt auch nichts gelten.

Ein Mensch, der was geschenkt kriegt, denke:
Nichts zahlt man teurer als Geschenke!

Ein Mensch wollt immer recht behalten:
So kam's vom Haar- zum Schädelspalten!

Ein Mensch erkennt: 's ist auch den Guten
Mehr zuzutraun, als zuzumuten.

Ein Mensch fühlt oft sich wie verwandelt,
Sobald man menschlich ihn behandelt!

LAUTER TÄUSCHUNGEN

Ein Mensch, noch Neuling auf der Welt,
Das Leben für recht einfach hält.
Dann, schon erfahren, klug er spricht:
So einfach ist die Sache nicht!
Zum Schlusse sieht er wieder klar,
Wie einfach es im Grunde war.

ZWISCHEN DEN ZEITEN

Ein Mensch lebt noch mit letzter List
In einer Welt, die nicht mehr ist.
Ein andrer, grad so unbeirrt,
Lebt schon in einer, die erst wird.

RÜCKSTAND

Ein Mensch am schwersten wohl verschmerzt
Das Glück, das er sich selbst verscherzt.
Kann sein, es war kein echtes Glück,
Doch echter Ärger bleibt zurück.

Die Tanten

Ein Mensch, still blühend und verborgen,
Hat sieben Tanten zu versorgen,
Die, jede Arbeit streng vermeidend,
Sich von Geburt an fühlen leidend.
Der Mensch, vermeinend, er sei's schuldig,
Erträgt das christlich und geduldig.
Doch eines Tags, wer weiß, warum,
Denkt er: Wieso? Ich bin ja dumm!
Er packt den Koffer, sagt kein Wort,
Reist vielmehr mir nichts, dir nichts, fort.
Die sieben Tanten sind zur Stund
Erst sprachlos und dann kerngesund.

Prüfungen

Ein Mensch gestellt auf *harte* Probe
Besteht sie, und mit höchstem Lobe.
Doch sieh da: es versagt der gleiche,
Wird er gestellt auf eine *weiche*!

WELTLAUF

Ein Mensch, erst zwanzig Jahre alt,
Beurteilt Greise ziemlich kalt
Und hält sie für verkalkte Deppen,
Die zwecklos sich durchs Dasein schleppen.
Der Mensch, der junge, wird nicht jünger:
Nun, was wuchs denn auf *seinem* Dünger?
Auch er sieht, daß trotz Sturm und Drang,
Was er erstrebt, zumeist mißlang,
Daß, auf der Welt als Mensch und Christ
Zu leben, nicht ganz einfach ist,
Hingegen leicht, an Herrn mit Titeln
Und Würden schnöd herumzukritteln.
Der Mensch, nunmehr bedeutend älter,
Beurteilt jetzt die Jugend kälter,
Vergessend frühres Sich-Erdreisten:
»Die Rotzer sollen erst was leisten!«
Die neue Jugend wiedrum hält...
Genug – das ist der Lauf der Welt!

Trauriger Fall

Ein Mensch, der manches liebe Jahr
Mit seinem Weib zufrieden war,
Dann aber plötzlich Blut geleckt hat,
Denkt sich: »Varietas delectat –«
Und schürt sein letztes, schwaches Feuer
Zu einem wilden Abenteuer.
Jedoch bemerkt er mit Erbosen,
Daß seine alten Unterhosen
Ausschließlich ehelichen Augen
Zur Ansicht, vielmehr Nachsicht, taugen
Und daß gewiß auch seine Hemden
Ein fremdes Weib noch mehr befremden,
Daß, kurz, in Hose, Hemd und Socken
Er Welt und Halbwelt nicht kann locken.
Der Mensch, der innerlich noch fesche,
Nimmt drum, mit Rücksicht auf die Wäsche,
Endgültig Abschied von der Jugend
Und macht aus Not sich eine Tugend.

Das ist's!

Ein Mensch ißt gerne Kuttelfleck.
Ein andrer graust sich – vor dem Dreck:
Die ganze Welt, das ist ihr Witz,
Ist Frage nur des Appetits.

Versäumte Gelegenheiten

Ein Mensch, der von der Welt bekäme,
Was er ersehnt – wenn er's nur nähme,
Bedenkt die Kosten und sagt nein.
Frau Welt packt also wieder ein.
Der Mensch – nie kriegt er's mehr so billig! –
Nachträglich wär er zahlungswillig.
Frau Welt, noch immer bei Humor,
Legt ihm sogleich was andres vor:
Der Preis ist freilich arg gestiegen;
Der Mensch besinnt sich und läßt's liegen.
Das alte Spiel von Wahl und Qual
Spielt er ein drittes, viertes Mal.
Dann endlich ist er alt und weise
und böte gerne höchste Preise.
Jedoch, sein Anspruch ist vertan,
Frau Welt, sie bietet nichts mehr an
Und wenn, dann lauter dumme Sachen,
Die nur der Jugend Freude machen,
Wie Liebe und dergleichen Plunder,
Statt Seelenfrieden mit Burgunder...

Das Wichtigste

Ein Mensch, der ohne viel zu schelten,
Läßt auch die fremde Meinung gelten,
Von Politik und Weltanschauung
Ganz friedlich spricht und voll Erbauung,
Der, ohne Angst um seine Ehre
Einsteckt selbst manche derbe Lehre,
Kurz, einer, der nichts übelnimmt
Ist plötzlich fürchterlich ergrimmt,
Legt man ihm dar dafür die Gründe,
Daß er vom Skatspiel nichts verstünde,
Daß er ein Stümper sei im Kegeln,
Im Schach beherrsche kaum die Regeln!
Es packt ihn tief im Ehrgefühle,
Besiegt ihn jemand auf der Mühle.
Wenn er als Schütz nichts Rechtes traf,
Raubt ihm das stundenlang den Schlaf.
Und was ihn völlig niederschlägt:
Der Vorwurf, daß er nichts verträgt...
Kurzum, es ist das Kind im Mann,
Das man am ehsten kränken kann.

Nur Sprüche

Ein Mensch erklärt voll Edelsinn,
Er gebe notfalls alles *hin*.
Doch eilt es ihm damit nicht sehr –
Denn vorerst gibt er gar nichts *her*.

MÄRCHEN

Ein Mensch, der einen andern traf,
Geriet in Streit und sagte »Schaf!«
Der andre sprach: »Es wär Ihr Glück,
Sie nähmen dieses Schaf zurück!«
Der Mensch jedoch erklärte: Nein,
Er säh dazu den Grund nicht ein.
Das Schaf, dem einen nicht willkommen,
Vom andern nicht zurückgenommen,
Steht seitdem, herrenlos und dumm,
Unglücklich in der Welt herum.

Das Gewissen

Ein Mensch, von bangen Zweifeln voll
Ist unentschlossen, was er soll.
Ha, denkt er da in seinem Grimme:
Wozu hab ich die innre Stimme?
Er lauscht gespannten Angesichts –
Jedoch, er hört und hört halt nichts.
Er horcht noch inniger und fester:
Nun tönt es wild wie ein Orchester.
Wo wir an sich schon handeln richtig,
Macht sich die innere Stimme wichtig.
Zu sagen uns: Du sollst nicht töten,
Ist sie nicht eigentlich vonnöten.
Doch wird sie schon beim Ehebrechen
Nicht mehr so unzweideutig sprechen.
Ja, wenn es klar in uns erschölle:
Hier spricht der Himmel, hier die Hölle!
Doch leider können wir vom Bösen
Das Gute gar nicht trennscharf lösen.
Ist's die Antenne, sind's die Röhren
Die uns verhindern, gut zu hören?
Ist's, weil von unbekanntem Punkt
Ein schwarzer Sender zwischenfunkt?
Der Mensch, umschwirrt von so viel Wellen
Beschließt, die Stimme abzustellen.
Gleichviel, ob er das Richtge tue
Hat er zum mindesten jetzt Ruhe.

Seltsam genug

Ein Mensch erlebt den krassen Fall,
Es menschelt deutlich, überall –
Und trotzdem merkt man, weit und breit
Oft nicht die Spur von Menschlichkeit.

Trugschluss

Ein Mensch erläutert klar, daß man,
Was man nicht hat, nicht halten kann.
Doch wozu so viel Witz entfalten?
Grad wer's nicht hat, kann – Recht behalten.

Empfindlicher Punkt

Ein Mensch, umdräut von Felsentrümmern,
Läßt sich davon nicht sehr bekümmern.
Doch bringt sofort ihn aus der Ruh
Ein winziger Stein – in seinem Schuh.

WANDLUNG

Ein Mensch führt, jung, sich auf wie toll:
Er sieht die Welt, wie sie sein soll.
Doch lernt auch er nach kurzer Frist,
Die Welt zu sehen, wie sie ist.
Als Greis er noch den Traum sich gönnt,
Die Welt zu sehn, wie sie sein könnt.

VIELDEUTUNG

Ein Mensch schaut in die Zeit zurück
Und sieht: Sein Unglück war sein Glück.